Stoffwechseltyp Rezepte

nach dem Metabolic Typing Konzept
zum Abnehmen und
zur Stoffwechselbeschleunigung

Johanna Handschmann

Stoffwechseltyp Rezepte

nach dem Metabolic Typing Konzept
zum Abnehmen und
zur Stoffwechselbeschleunigung

Alle Rezepte mit Mengenangaben zu
- Makronährstoffanteilen (Eiweiß, Fett, Kohlenhydrate)
- Energiedichte
- Broteinheiten
- Kalorienmengen

Jede Mahlzeit kombinierbar für

Eiweißtyp

Mischtyp und

Kohlenhydrattyp

Alltagstaugliche Rezepte
Viele Rezepte glutenfrei

Bibliografische Information der Deutschen Nationalbibliothek:

Die Deutsche Nationalbibliothek verzeichnet diese Publikation in der Deutschen Nationalbibliografie; detaillierte bibliografische Daten sind im Internet über http://dnb.dnb.de abrufbar.

© 2015

Text und Rezepte:	Johanna Handschmann (j.handschmann@t-online.de)
Cover-Design:	Dr. Wolfgang Handschmann (handschmann@t-online.de)
Fotos:	Dr. Wolfgang Handschmann
Sprache:	Deutsch: neue Rechtschreibung
Herstellung und Verlag:	BoD-Books on Demand, Norderstedt
ISBN:	9783743102736

Dieses Buch ist in allen seinen Teilen urheberrechtlich geschützt. Jede Verwertung von Titel, Text, Rezepten, Tabellen oder Bildern außerhalb der engen Grenzen des Urheberrechtsgesetzes ist ohne schriftliche Zustimmung der Autorin unzulässig und strafbar. Das gilt für alle Arten von Vervielfältigungen, fotografischen Kopien aller Art, Übersetzungen, Speicherung und Versendung auf elektronischem Wege.

Die Inhalte des vorliegenden Buches wurden von der Autorin nach bestem Wissen und Gewissen erstellt und mit größter Sorgfalt geprüft. Alle Rezepte in diesem Buch wurden von der Autorin persönlich bearbeitet und mehrfach auf Durchführbarkeit und Geschmack geprüft.

Trotz allem können Fehler nie vollständig ausgeschlossen werden. Die Autorin übernimmt daher keinerlei juristische Verantwortung sowie Haftung für Schäden, die aus dem Gebrauch dieses Werkes oder Teilen daraus entstehen. Ebenso übernimmt die Autorin keine Gewähr für Vollständigkeit des Inhalts. Markennamen oder Warenzeichen, die hier genannt werden sind Eigentum der rechtmäßigen Inhaber.

Johanna Handschmann
war Fachschulrätin und Dozentin für Ernährungslehre an der Pädagogischen Hochschule Karlsruhe und Hauswirtschaftslehrerin. Sie hat in den letzten 3 Jahrzehnten mehr als 30 Kochbücher veröffentlicht.
Heute lebt sie am Bodensee und arbeitet als freie Autorin (z.B. für den Südwest/Bassermann Verlag) und als Ernährungscoach.
Sie ist Expertin für individuelle Ernährungssituationen wie z.B. Stoffwechseltyp-Ernährung, glutenfreie Ernährung Low Carb, und Rotationsdiät. Sie ist weiterhin Fachautorin für kreative Fleisch-, Fisch-, und Gemüseküche, vegetarische Ernährung, Vollwertkost, Trennkost.
Die Stoffwechseltyp-Ernährung hat sie an sich selbst, in ihrer eigenen Familie und bei vielen Kunden mit Erfolg praktiziert.

Inhalt

Inhalt 6
Abkürzungsverzeichnis 9
Vorwort 10
Wie kann man den Stoffwechseltyp bestimmen? 11
Die 3 Basis Stoffwechseltypen im Überblick 12
    Der Eiweißtyp 12
    Der Mischtyp 14
    Der Kohlenhydrattyp 15
    Allgemeines 17
    Nahrungsmittelempfehlungen für die einzelnen Typen 18
Rezeptinformationen 18
    Rezeptdarstellung für die Stoffwechseltypen 18
    Das Rezept-Konzept 19
    Die Mengen zum Sattwerden 21
    Zusatzinfos in den Rezepten 21
        Energiedichte - der clevere Hungerblocker 21
        Broteinheiten (BE)-Angaben für Diabetiker und Low Carb'ler 22
        Kochen für mehrere Personen 22
        Infos zur praktischen Durchführung 23
Frühstück und kleine Zwischenmahlzeiten 24
    Gemischtes Frühstück 24
    Müsli in typgerechter Proportion 26
    Omelette "all in one" 28
    Super Typ-Sandwich 30
    Kleine Zwischenmahlzeiten 32
Hauptmahlzeiten für mittags und abends 34

Lachs-Kartoffelcreme mit Salat - glutenfrei 34

Bunter Salat mit Thunfisch und Ei - glutenfrei 36

Kartoffel-Gemüsesuppe mit Lachs/Lachsforelle - glutenfrei 38

Saltimbocca mit Kräuterreis und Salat - glutenfrei 40

Fisch auf Gemüse mit Kartoffeln - glutenfrei 42

Spargelnudeln mit Pilzen, Schinken und Kräutern 44

Rote Beete-Carpaccio mit Joghurtcreme und Schinken 46

China-Pfanne mit Reis - glutenfrei 48

Fischfilet auf Salat 50

Gemischter Salat mit Hühnerfilets und Curryreis - glutenfrei 52

Crepes mit Fleisch-Gemüsefüllung und Feldsalat 54

Omelette mit Spinat oder Lauch und Kartoffeln - glutenfrei 56

Steak mit Gemüse und Kartoffeln - glutenfrei 58

Reisnudeln mit Thunfisch und Gemüse - glutenfrei 60

Literaturverzeichnis und Info zu Stoffwechseltyp-Analysen 62

Weitere aktuelle Bücher von Johanna Handschmann 63

Rezepte auf einen Blick

Abkürzungsverzeichnis

EWT = Eiweißtyp
MT = Mischtyp
KHT = Kohlenhydrattyp
EL = Esslöffel
TL = Teelöffel/Kaffeelöffel bzw. kleiner Löffel
EDIX = Energiedichte Index
BE = Broteinheiten

Vorwort

Wenn Ihre Wahl auf dieses Buch gefallen ist, haben Sie wahrscheinlich bestimmte Stoffwechsel- oder Gentests gemacht, dabei viele individuelle Ernährungsempfehlungen bekommen und suchen nun nach praktikablen Rezepten für Ihren persönlichen Stoffwechseltyp.

Vielleicht sind Sie aber auch auf dieses Buch gestoßen, weil Sie schon viele unterschiedliche Ernährungsweisen oder Diäten ausprobiert haben und nun hoffen, mit diesen Rezepten die für sich richtige Ernährungsform zu finden.

Vielleicht sind Sie aber nur neugierig, wollen Ihren Stoffwechsel etwas beschleunigen und suchen Rezepte, die sie dafür nutzen können.

Mit diesem Buch kann ich vielleicht alle o.g. Aspekte erfüllen und ihnen mit meinen Rezepten helfen, die positive Wirkung einer Stoffwechseltyp-Ernährung auf Ihre Gesundheit und Ihren Stoffwechsel zu erleben.

Mein Buch enthält Rezeptbeispiele, die alltagstauglich sind und auch bei unterschiedlichen Stoffwechseltypen/ -bedürfnissen in einer Familie von der ganzen Familie gemeinsam genutzt werden können, denn jedes Rezept enthält getrennte Mengenangaben für den jeweiligen Stoffwechseltyp.

Metabolic Typing ist nicht zu verwechseln mit **Metabolic Balance**, das aus der schon seit vielen Jahrzehnten bekannten Metabolic Typing-Methode entwickelt wurde.

Die **Stoffwechseltyp-Ernährung ist keine Diät** und kann deshalb als ideale Dauerernährung lebenslang durchgeführt werden. Sie ist eine Ernährungsform, die von der Annahme ausgeht, dass es keine gleiche Ernährung für alle geben kann. So wie die Menschen unterschiedlich aussehen und bestimmte Merkmale haben, unterscheiden Sie sich auch in der Art, wie Ihr Stoffwechsel die Nahrung aufnimmt und verarbeitet.

> "Denn jeder Mensch hat einen anderen Stoffwechsel und was dem einen hilft, kann dem anderen schaden." [2]

Die Bandbreite reicht dabei von Menschen, die relativ viel Eiweiß und Fett essen sollten, bis hin zu anderen, die besonders viele Kohlenhydrate essen dürfen, beim Fett aber etwas zurückhaltender sein sollten. Dazwischen liegen die ausgewogenen Typen oder auch Mischtypen genannt, die möglichst gleich viel von jedem Makronährstoff essen sollten.

Wie kann man den Stoffwechseltyp bestimmen?

Eine Möglichkeit, den Stoffwechseltyp zu bestimmen, ist die Auswertung eines Fragekatalogs. Von diesem **Fragenkatalog** gibt es eine kleinere und eine größere Version, wobei die größere Version gegen eine Gebühr ausgewertet wird [2]. Die Grundlagen, den Stoffwechsel über einen Fragenkatalog zu typisieren, basieren auf den jahrelangen Beobachtungen von Dr. Kelley und William L. Wolcott (USA), die über 3000 individuelle Körpermerkmale ermittelten und damit eine relativ genaue Typ-Bestimmung ermöglicht haben [1].

Eine weitere Möglichkeit der Bestimmung der persönlichen Stoffwechselsituation kann durch spezielle **Analyse-Systeme auf Biofeedback-Basis** erfolgen, z.B.: [4].

Weitere Evaluierungsmethoden, sind **Ernährungs-Gentests**, die im Vergleich zu den anderen Testmethoden relativ teuer sind und in der Praxis leider in der Nachhaltigkeit bei der Umsetzung der Betreuung der Kunden häufig versagen.

Die 3 Basis Stoffwechseltypen im Überblick

Je nach Stoffwechseltest-Methode gibt es 3 bzw. 5 unterschiedliche Stoffwechseltyp-Einteilungen. Ich präsentiere in diesem Buch Rezepte für die 3 wichtigsten bzw. häufigsten Gruppen, für die folgende Empfehlungen für die Zusammensetzung Ihrer Mahlzeiten gelten. Je nach individueller Ausprägung können die Makronährstoffanteile auch etwas nach unten oder oben abweichen.

	Nährstoffanteile in %		
	Eiweiß	Fett	Kohlenhydrate
Eiweiß-Typ	40%	30%	30%
Misch-Typ	30%	25%	45%
Kohlenhydrat-Typ	25%	20%	55%

Die Stoffwechseltyp-Informationen in diesem Kapitel nehmen Bezug auf die Zusammenstellungen von Wolcott [1].

Der Eiweißtyp

Der Eiweißtyp braucht eine Ernährung, **die relativ viel Eiweiß und Fett** im Vergleich zu den Kohlenhydraten enthält. Eiweißtypen brauchen besonders die schwereren fett- und purinreichen eiweißhaltigen Nahrungsmittel. Zucker- und stärkehaltige Nahrungsmittel sollte dieser Typ nur in geringen Mengen verzehren. Lassen Sie sich nicht von allgemeinen Aussagen verunsichern, die behaupten, dass fettreiches Essen und dunkle Fleischsorten ungünstig seien, das stimmt für diesen Typ in der Regel nicht.

Die richtige Mischung der Nährstoffe für den Eiweißtyp

- **Große-Eiweißmenge** (etwa 40-45 %), vorwiegend aus fettreichen Fleisch- oder Fischsorten
- **Große Fettmenge** (etwa 30 %), vorzugsweise hochwertige Fette (Natives Kokosöl, Olivenöl)
- **Geringe Kohlenhydratmenge** (etwa 25-30 %), davon mindestens die Hälfte aus stärkearmen Kohlenhydraten wie Gemüse und Salate

Einige typische Merkmale des Eiweißtyps:

- Eiweißtypen essen gerne und haben keine Probleme mit großen Portionen. Daher neigen Sie oft dazu, zu viel zu essen. Wenn Sie zu viele Kohlenhydrate (vor allem Brot, Getreide und Süßes) essen, führt dies häufig zu Heißhungerattacken, mit der Folge, dass noch mehr gegessen wird. Ein Teufelskreis entsteht, der letztlich zu Übergewicht führt. Als negative Begleiterscheinungen führt die kohlenhydratreiche Ernährung bei Eiweißtypen zu Energiemangel und/oder Hyper-Nervosität.

- Wenn ein Eiweißtyp mit Übergewicht abnehmen möchte und sich mit einer fett- und kalorienarmen Diät quälend bemüht, erreicht er damit recht wenig! Eine fettarme Ernährung führt bei den Eiweißtypen in der Regel zu einer Gewichtszunahme.

- Ebenso bewirkt bei diesem Stoffwechseltyp reichlicher Obstverzehr in der Regel eine Gewichtserhöhung. Zitrusfrüchte und Obstsäfte sind für den Eiweißtyp besonders ungünstig, da diese den Stoffwechsel noch mehr beschleunigen und er noch müder und erschöpfter werden kann.

- Eiweißtypen können nicht gut fasten. Fastenkuren bringen bei ihm keinen nachhaltigen Gewichtsverlust.

- Wenn der Eiweißtyp dagegen jeden Tag eine Portion Eiweiß z.B. aus Fleisch, Fisch oder Eiern, kombiniert mit nicht zu wenig Fett und der richtigen Menge an passenden Kohlenhydraten, kann er sich satt essen und ihm wird es mit einer solchen Ernährung bald besser gehen.

Zu beachten:

- Zucker, bzw. mit Fabrikzucker oder Glucose gesüßte Fertigprodukte sind generell ungesund und für den Eiweißtypen ganz besonders negativ. Eiweißtypen sollten daher auf einen sehr bewussten, niedrigen Konsum von Zucker u. Co. achten. Man kann auch mit wenig Zucker gutes Gebäck oder Desserts herstellen. Noch besser, man verwendet alternative Süßungsmittel (z.B. Erythrit) und Nussmehle.

- Eiweißtypen sollten möglichst wenig stärkehaltige Getreideprodukte essen (Brot, Nudeln). In den Rezepten sind die richtigen Mengen berechnet. Diese sollten für den Eiweißtyp zur Gewohnheit werden.

Der Mischtyp

Der Mischtyp braucht eine ausgewogene vielseitige Ernährung. Mischtypen vertragen eigentlich alle Nahrungsmittel recht gut. Es geht Ihnen aber nur dann richtig gut, wenn Sie sich auch entsprechend **vielseitig** ernähren. Wenn sich ein Mischtyp nicht richtig ausgewogen ernährt, wenn er z.B. immer nur die gleichen Kohlenhydrate oder nur die gleichen Eiweißsorten bevorzugt, dann wird auch er Gewichtsprobleme bekommen. Nur wenn er die Grundnährstoffe im ausgewogenen Verhältnis zuführt, wird er sein Gewicht halten bzw. mit dem Abnehmen Erfolg haben.

Die richtige Mischung der Nährstoffe für den Mischtyp:

- Mittlere-Eiweißmenge (etwa 30-35 %), sowohl aus fettarmen als auch fettreichen Fleisch- oder Fischsorten
- Mittlere Fettmenge (etwa 25-30 %), vorzugsweise hochwertige Fette (Natives Kokosöl, Olivenöl)
- Mittlere Kohlenhydratmenge (etwa 40-45 %), davon **mindestens die Hälfte** aus **stärkearmen** Kohlenhydraten wie Gemüse und Obst.

Einige typische Eigenschaften des Mischtyps:

- Der Mischtyp liegt mit seinen Eigenschaften zwischen Kohlenhydrattyp und Eiweißtyp. Manche Mischtypen vertragen etwas mehr Kohlenhydrate, andere dagegen etwas mehr Eiweiß. Diese Feinheiten können Sie selber herausfinden, indem Sie die Varianten ausprobieren. Die Kombination, bei der Ihre Energie nach dem Essen am besten ist und auch lange andauert, ist die für Sie im Moment optimale Nährstoffkombination.

- Mischtypen haben in der Regel einen mittelstarken Appetit und sind selten zwischen den Mahlzeiten hungrig. Wenn Sie sich dagegen nicht ausgewogen ernähren, können Sie auch Heißhungerattacken bekommen.

Zu beachten:

Beim Mischtyp können sowohl zu viele als auch zu wenig Kohlenhydrate oder Eiweiße, die gleichen negativen Symptome hervorrufen. So macht es für einen Mischtyp keinen Sinn, z.B. eine Low Carb-Ernährung (Ernährung mit sehr wenigen Kohlenhydraten) durchzuführen. Es würde ihm damit nicht besser gehen und er könnte damit auch nicht abnehmen.

Der Kohlenhydrattyp

Der Kohlenhydrattyp, braucht eine Ernährung, die relativ wenig Eiweiß und Fett im Vergleich zu den Kohlenhydraten enthält. Dafür kann er aus der ganzen Palette der Kohlenhydrate großzügig auswählen. Kohlenhydrattypen können Kohlenhydrate gut verdauen, weil bei Ihnen die Nahrung nur langsam in Energie umgewandelt wird. Im Vergleich zum schnellverbrennenden Eiweißtyp sind die Kohlenhydrattypen Lansamverbrenner. Trotzdem dürfen Sie es nicht übertreiben und sollten auf das richtige Verhältnis von Kohlenhydraten zu den Fetten und Eiweißen achten, denn nur dann können Sie Übergewicht abbauen und körperlich und geistig fit sein. Wenn ein Kohlenhydrattyp zu viel Eiweiß und Fett verzehrt, ist es für seine Gesundheit ungünstig.

Die richtige Mischung der Nährstoffe für den Kohlenhydrattyp:

- Wenig Eiweiß (etwa 20-25 %) vorzugsweise aus leichten, fettarmen Fleisch- oder Fischsorten

- Wenig Fette und Öle (nur etwa 15-20 %) vorzugsweise hochwertige Fette (Natives Kokosöl, Olivenöl)

- Reichlich Kohlenhydrate (etwa 50-60 %).Trotzdem muss ein KHT auch die richtigen Mengenverhältnisse beachten und darf von den stärke- und zuckerreichen Kohlenhydraten nicht zu viel essen, dafür aber reichlich von den ballaststoffreichen Kohlenhydraten wie Gemüse und Früchte. Die richtigen Mengen werden in den Rezepten für Sie genau vorgegeben.

Einige typische Eigenschaften des Kohlenhydrattyps:

- Für Kohlenhydrattypen spielt Essen meist keine so große Rolle wie z.B. für den Eiweißtyp. Kohlenhydrattypen sind meist mit weniger Essen zufrieden und essen eher kleinere Portionen. Für den Kohlenhydrattyp dreht sich nicht alles ums Essen wie beim Eiweißtyp.

- In der Regel vertragen Kohlenhydrattypen Süßigkeiten und andere Kohlenhydrate ganz gut, nur wenn Sie längere Zeit zu viel davon essen, bekommen Sie auch Probleme mit Ihrem Insulinhaushalt und es kann zu Diabetes und Übergewicht kommen. Daher sollten Sie die Mengenangaben in den Rezepten als Orientierung nutzen.

- Kohlenhydrattypen sollten prüfen, ob Sie Milchprodukte gut vertragen, denn diese werden häufig bei diesem Typ nicht gut vertragen. Wenn Sie bemerken, dass nach dem Verzehr von Milchprodukten Ihre Energie abfällt oder dass Sie von Verdauungsproblemen geplagt werden, dann sollten Sie diese einschränken oder meiden.

Zu beachten:

- Kombinieren Sie bei Ihren Mahlzeiten immer nur ein stärkehaltiges Nahrungsmittel mit reichlich ballaststoffreichen, stärkearmen Gemüse- und/oder Obstsorten
- Hülsenfrüchte sollten nicht zu häufig gegessen werden.

Allgemeines

Es gibt einige Nahrungsmittel, die das Stoffwechselgleichgewicht ungünstig beeinflussen können. Daher sollen diese besonders bei der Gewichtsabnahme möglichst gemieden oder nur in moderaten Mengen genossen werden.

- **Koffein und Alkohol** nur in moderaten Mengen, beim Abnehmen am besten meiden. Koffein und Alkohol stören die Funktion der Schilddrüse. Wenn Sie nicht verzichten möchten, bevorzugen Sie Produkte aus biologischem Anbau und konsumieren Sie nicht mehr als 2 Tassen, bzw. 2 kleine Gläser Wein pro Tag.

- **Stärkehaltige Kohlenhydrate**, wie Brot, Nudeln sollten von keinem Ernährungstypen in zu großen Mengen gegessen werden. Selbst die Kohlenhydrattypen sollten hier nicht zu viel essen. Wenn Sie allerdings richtig kombinieren, wie ich es Ihnen in den Rezeptplänen zeige, brauchen Sie auf nichts zu verzichten, Sie ändern nur die Mengen-Verhältnisse.

- **Vollkornprodukte** können Sie essen, wenn Sie keine Probleme mit der Verträglichkeit haben. Viele Menschen können Vollkorn nicht gut verdauen, daher kann ich die allgemeine Vollkorn-Empfehlung nicht mehr unterstützen. Verdauungsprobleme mit Vollkornprodukten haben häufig als Ergebnis einen relativ weichen Stuhlgang und häufige Blähungen. Wenn Sie Vollkornprodukte vertragen, sollten Sie unbedingt darauf achten, dass mit Sauerteig verarbeitet wurden, denn frische Getreideprodukte enthalten natürliche Abwehrstoffe, die die Verdauung und damit Ihren Stoffwechsel stören können.

- **Zuckerhaltige Nahrungsmittel** sollten generell nur in sehr kleinen Mengen gegessen werden. Bei der Umstellung und Gewichtsreduktion ist es zweckmäßig, diese in dieser Zeit nicht zu verwenden.

- **Nahrungsmittel auf die Sie empfindlich reagieren könnten**: Sollten Sie bei bestimmten Nahrungsmitteln Unverträglichkeiten haben, wie z.B. Frischmilch (Laktose-Unverträglichkeit) oder Weizenprodukte (Gluten-Unverträglichkeit), dann meiden Sie bitte diese Produkte. Da solche Unverträglichkeiten auch wieder verschwinden können, u. a. auch weil sich der Stoffwechsel verändert, probieren Sie von Zeit zu Zeit, ob Sie die Produkte vielleicht nach einer Zeit wieder vertragen. Bei Laktose-Empfindlichkeit können meist gesäuerte und gereifte

Produkte (Joghurt, saure Sahne, Käse) vertragen werden, Frischmilch dagegen ist zu meiden.

- **Vermeiden Sie möglichst alle Fertigprodukte**, da diese meist viele Zutaten bzw. Substanzen enthalten die einen geregelten Stoffwechsel stören könnten.

Nahrungsmittelempfehlungen für die einzelnen Typen

Für die jeweiligen Stoffwechseltypen gibt es Nahrungsmittelempfehlungen, die bei der Stoffwechseltypen-Evaluierung ausgegeben werden. Dabei können, je nach Art der Methode, auch Unverträglichkeiten erkannt werden.

Ausführliche allgemeine Listen finden Sie in dem Buch Metabolic Typing [1].

Bei meinen Rezepten habe ich in der Regel die Nahrungsmittel verwendet, die für alle Typen geeignet sind bzw. von den jeweiligen Typen am besten vertragen werden.

Bei individuellen Unverträglichkeiten können Sie diese einfach austauschen.

Rezeptinformationen

Rezeptdarstellung für die Stoffwechseltypen

Durch meine Beratungstätigkeit für spezielle Ernährungssituationen habe ich gelernt, dass es für die Kunden, z.B. ein Ehepaar oder eine Familie, sehr hilfreich war, Rezepte für unterschiedliche Stoffwechseltypen anzubieten.

So entstand die Idee, den Nährstoffgehalt der Rezepte zu berechnen, um so die Möglichkeit zu haben, über die Nährstoffanteile die Rezepte den einzelnen Stoffwechseltypen zuzuordnen. Das Ergebnis ist eine Rezeptsammlung, die von allen Typen genutzt werden kann.

So ist es innerhalb einer Familie oder Gemeinschaft möglich, das gleiche Gericht zu essen und trotzdem die unterschiedlichen Typ-Anforderungen zu erfüllen, indem man die unterschiedlichen Proportionen der Nahrungsmittel beachtet.

Bei der Rezeptzubereitung ist es nicht nötig, sich sklavisch an die vorgegebenen Gramm-Angaben zuhalten. Ziel sollte es sein, die im Rezept berechneten Proportionen kennen zu lernen und diese dann nach Gefühl anzuwenden.

Das Rezept-Konzept

Die einzelnen Rezepte sind so zusammengestellt, dass Sie jeweils die richtige Makronährstoff-Verteilung für den jeweiligen Stoffwechseltyp haben.

Die Tellerskizzen sollen vereinfacht zeigen, **wo die wesentlichen Unterschiede** zwischen den einzelnen Typen liegen, d.h. nur bei den **eiweißreichen Zutaten** (z.B. Fleisch, Fisch) und bei den **stärkereichen Kohlenhydraten** (z.B. Reis, Nudeln).

Die Anteile der **ballaststoffreichen bunten Kohlenhydrate** in Salat und Gemüse sind bei allen Ernährungstypen **im Wesentlichen gleich**. Einzige Unterschiede kann es hier bei individueller Auswahl der verträglichen Salat- bzw. Gemüsesorten geben.

Nach den unten aufgeführten Grundmengen können Sie auch Ihre persönlichen Lieblingsgerichte an Ihren Makronährstoff-Bedarf anpassen.

Das nachstehende Beispiel zeigt:

Fleisch mit Salat, Gemüse und Nudeln,

Energiedichte für alle Typen : 0,9

Tellerskizze Eiweißtyp

Für den EWT sind das bei 440 Kcal etwa:

120 g Fleisch (3 kleine Scheiben)

60 g gekochte Nudeln (ca. 2 geh. EL)

125 g Blattsalate

125 g gekochtes Gemüse

++++++

Tellerskizze Mischtyp

Für den MT sind das bei 400 Kcal etwa:
80 g Fleisch (2 kleine Scheiben)
90 g gekochte Nudeln (ca. 3 geh. EL)
125 g Blattsalate
125 g gekochtes Gemüse

++++++

Tellerskizze Kohlenhydrattyp

Für den KHT sind das bei 410 Kcal etwa:
60 g Fleisch (1 kleine Scheiben)
130 g gekochte Nudeln (ca. 4 geh. EL)
125 g Blattsalate
125 g gekochtes Gemüse

Die Mengen zum Sattwerden

Grundsätzlich ist es bei der Stoffwechseltyp-Ernährung **nicht nötig** auf Kalorien zu achten. Sie werden von mir lediglich genutzt, um die richtigen Nahrungsmengen zu dimensionieren.

Ob Sie die persönlich ausreichenden Mengen gegessen haben, erkennen Sie in der Regel daran, dass Sie nach einer Mahlzeit 3-4 Stunden gut gesättigt sind und nach dem Essen nicht müde werden. Im Normalfall gelingt das mit Mahlzeiten, die 350-450 kcal haben. Dies ist die **Basismenge pro Person** in meinen Rezepten.

Alle, die mit diesen Rezeptmengen nicht ausreichend satt werden, weil sie einen höheren Grundumsatz haben, können Sie die angegeben Zutatenmengen um 50% bis 100% erhöhen. Dann haben Sie Mahlzeiten von ca. 600 bzw. 800 kcal. Testen Sie Ihre individuelle Menge, indem Sie **stufenweise** die Zutatenmengen erhöhen.

Es geht hier nur darum, dass Sie Ihr **persönliches Optimum** herausfinden, bei dem Sie sich wohlfühlen und im optimalen Kalorienrahmen gut gesättigt werden. Wenn Sie diese persönlichen Erfahrungswerte gefunden haben, können Sie diese bei all Ihren Kochrezepten anwenden.

Wichtig ist, dass Sie die Mengen bei allen Zutaten im vorgegeben Verhältnis ändern!

Hungern ist unerwünscht und kontraproduktiv!

Zusatzinfos in den Rezepten

Bei den Stoffwechseltyp-Rezepten habe ich noch einige hilfreiche Zusatzinformationen eingebaut, die Ihnen bei der Optimierung Ihrer Ernährung helfen können:

Energiedichte - der clevere Hungerblocker

Alle Rezepte enthalten ergänzend Angaben über die Energiedichte eines Rezeptes.

Energiedichte =   Gesamtkalorienmenge des Rezeptes in kcal / Nahrungsmenge in Gramm (g)

Eine andere Bezeichnung dafür ist auch der Begriff "Volumetrics". Die Einbringung der Energiedichte in meinen Rezepten ist in dieser Art und Kombination neu!

Alle Stoffwechseltyp Rezepte haben eine ideale Energiedichte von unter 1,5 und somit eine reduzierte Energiedichte!

Eine niedrige Zahl - kleiner als 1,5 - sagt aus, dass man "viel" mit "wenig" Kalorien essen kann. Wenn man geschickt Zutaten mit hoher und niedriger Energiedichte kombiniert, kann man immer unter 1,5 kommen.

Das ist der ideale Bereich zum Abnehmen nach Prof. V. Schusdziarra [3] und zeigt an, dass die Rezepte genug Ballaststoffe enthalten. Mit einer niedrigen Energiedichte werden Sie immer gut satt, können abnehmen und werden keinen Hunger bekommen.

Broteinheiten (BE)-Angaben für Diabetiker und Low Carb'ler

Als weitere Zusatzinfo enthalten alle Rezepte die BE = Broteinheiten-Angaben, damit sich Diabetiker zusätzlich orientieren können. Da Diabetes eine Stoffwechsel-Erkrankung ist, kann durch die stoffwechselorientierte Ernährung ein guter Beitrag zu einer möglichen Verbesserung geleistet werden. Es könnte sein, dass Diabetiker, die auf die typgerechte Ernährung umstellen, Ihre Insulinzufuhr reduzieren können. Bitte informieren Sie Ihren Arzt, wenn Sie die Ernährungsänderung vornehmen und besprechen Sie mit Ihm mögliche Anpassung der Medikation.

Kochen für mehrere Personen

Das Kombinieren der Rezepte für verschiedene Stoffwechseltypen ist völlig unkompliziert. In den Rezepten sind Mengenangaben aufgeführt, die zur Orientierung und zum Berechnen der Nährstoffanteile dienen. Sie müssen in der Praxis die Zutaten nicht grammgenau abwiegen. Es geht im Wesentlichen um das Einhalten der richtigen Größenordnungen.

In den Rezepten sind in der Mengenspalte die Mengen für 1 Portion = 1 Person angegeben. Wenn Sie für mehrere Personen kochen möchten, gibt es unterschiedliche Möglichkeiten:

Fall 1: Mehrere Personen, davon einer ein Stoffwechseltyp.

Eine Person möchte nach dem Stoffwechseltyp-System essen, 3 weitere Personen essen mit, ohne den Stoffwechseltyp bestimmt zu haben, dann können Sie die Menge einfach vervierfachen. Alle Personen essen die gleiche Menge auf den Teller.

Fall 2: Mehrere Personen sind unterschiedliche Stoffwechseltypen.
Wenn Sie für alle das gleiche Rezept zubereiten, dann können Sie die Rezeptmenge für alle Typen in der Summe zubereiten und beim Auflegen auf den Teller entsprechend den Rezeptmengen verteilen.

Stärkehaltige Beilagen z.B. Reis, Kartoffeln, Nudeln:
Die Angaben im Rezept sind in der Regel für **gekochte** stärkehaltige Produkte, daher einfach eine größere Menge kochen, die angegebenen Mengen der **gekochten Produkte** mit Löffelmaßen (z.b. bei Reis, 1 EL leicht gehäuft, ca. 30 g) auf den Teller geben. Bei Kartoffeln nach Größe (klein, mittel oder, bei größeren Mengen, nach Gewicht) bei Nudeln mit Löffelmaß, Tassenmaß oder Gewicht arbeiten. Diese Mengenangaben finden Sie im Rezept.

Eiweißbeilage z.B. Fleisch, Fisch oder Ei:
Da meist kurzgebraten wird, die Stücke in der entsprechenden Menge vorbereiten/schneiden. So lassen sich ohne Probleme verschiedene Fleischsorten kombinieren. Die Portionsgrößen sind bei den einzelnen Typen meist in der gleichen „Größenordnung", so dass Sie sich diese Mengen mit der Zeit leicht merken und dann nach Augenmaß portionieren können. So ist z.B. die ideale Größe eines Schnitzels oder Steaks für den EWT etwa handtellergroß, das sind etwa 120-150 g.

Infos zur praktischen Durchführung

Eier: für EWT am besten Größe M. Für MT und KHT sind die kleinen Eier Größe S passend für die Rezepte mit den kleineren Eiweißmengen. Wenn der Eiweißgehalt einer Mahlzeit aus rezepttechnischen Gründen mal etwas höher sein sollte, ist dies auch nicht schlimm, dann einfach bei einer anderen Mahlzeit den Ausgleich schaffen.

Wiegen Sie am Anfang die Zutaten ab, und merken sich dann diese "Größe bzw. Mengeneinheit" z.B. als Löffelmaß oder Hand-Maß. **Es ist keinesfalls nötig, die Zutaten immer abzuwiegen.** Ich lege die Mengenangaben im Rezept fest, damit ich Nährstoffanteile berechnen kann.

Nun wünsche ich Ihnen einen guten Start in die Stoffwechseltyp-Ernährung, viel Spaß bei der Zubereitung und einen guten Appetit!

Frühstück und kleine Zwischenmahlzeiten

Gemischtes Frühstück

	EWT	MT	KHT
Mengen[g]:	280	310	250
Kcal:	381	377	337
BE:	2	2,4	3,1
Energiedichte [Kcal/g]:	1	1,2	1,3
Zutaten	Mengen in g		
Kräuterquark (1 EL ca. 30 g)	50	80	60
Schnittlauch, Kresse	25	25	25
Roggenknäcke (1 Scheibe 8-10 g)	15	20	40
Butter (1 TL= 5 g)	5	5	5
Edamer 40 % (1 Scheibe ca. 20 g)	25	20	10
Putenschinken (1 Scheibe ca. 20 g)	40	20	10
Avocado	20	10	
Radieschen, Selleriestangen	50	50	50
Birne	50	80	50
Kaffee oder Tee nach Belieben, ohne Zucker			
Eiweiß	40%	32%	26%
Fett	30%	27%	19%
Kohlenhydrate	31%	41%	55%

Zubereitung:
1. Quark nach Belieben zusätzlich mit frischen Kräutern verfeinern.
2. Knäckebrot-Scheiben mit Butter und etwas Quarkreme bestreichen.
3. Käse- und Schinken scheiben darauflegen, restlichen Quark darauf setzen.
4. Für EWT und MT: Avocado einschneiden, die Schale ein Stückchen abziehen und ein Stück Fruchtfleisch herausschneiden, vom Kern drehen und in Scheiben schneiden, Avocadoscheiben darauflegen.
5. Gemüse waschen und putzen und in Scheiben oder Stifte schneiden.
6. Birne waschen, vom Kernhaus befreien, die benötigte Menge abschneiden und in Schnitze teilen.
7. Obst und Gemüsestücke dazu essen.

Tipp:
Avocado in kleinen Mengen vorbereiten.
Foto zeigt Menge für den EWT = 20 g.

Müsli in typgerechter Proportion

	EWT	MT	KHT
Mengen[g]:	293	293	292
Kcal:	369	353	398
BE:	2	2,1	2,7
Energiedichte [Kcal/g]:	1	1,2	1,4
Zutaten	Mengen in g		
Birne oder Apfel	50	80	100
Haferflocken (1 EL ca. 10 g)	5	10	20
Kokosmehl (1 TL ca. 4 g)	20	10	10
Quark, Magerstufe (1 EL 25-30 g)	125	100	60
Joghurt 10%, "Griechischer Joghurt"	75	75	75
Kokosraspeln (1 EL ca. 10 g)	10	5	5
Amaranth-Pops (1 EL 4-5 g)	5	10	20
Hanföl/Leinöl (1 TL ca. 3 g) oder 2 TL Hanfsamen geschält	3	3	2
Eiweiß	38%	32%	24%
Fett	29%	24%	21%
Kohlenhydrate	33%	44%	55%

Zubereitung:
1. Birne oder Apfel waschen, vierteln, vom Kernhaus befreien, die benötigte Menge abteilen und fein würfeln.
2. Zerkleinerte Früchte mit allen anderen Zutaten in ein Schälchen geben und verrühren. Wenn das Müsli zu fest sein sollte, noch etwas Wasser oder Milch einrühren.

Tipp:

Wenn Sie keine frischen Früchte zur Hand haben, können Sie das Müsli auch mit 1-2 TL fruchtiger, zuckerarmer Marmelade aromatisieren.

Variante:

Anstelle von Birne oder Apfel können Sie auch andere Früchte verwenden die zu Ihrem Typ passen bzw. die Sie gut vertragen.

Einkaufstipp:

Joghurt 10 % wird auch als "Griechischer Joghurt" oder "Sahnejoghurt" bezeichnet. Sein Fettgehalt liegt zwischen 8 und 10 %, dadurch wird er auch von laktoseempfindlichen Personen meist recht gut vertragen. Dieser sahnige Joghurt ist ideal für alle Eiweißtypen, da diese reichlich Fett brauchen.

Omelette "all in one"

	EWT	MT	KHT
Mengen[g]:	292	247	257
Kcal:	369	330	367
BE:	1,5	2,3	3,4
Energiedichte [Kcal/g]:	1,3	1,3	1,4
Zutaten	Menge in g		
Kresse, Schnittlauch oder Radieschensprossen	30	30	30
Quark oder 'Kräuterquark (1 EL = 30 g)	90	30	20
1 Ei	60	60	60
Süße Sahne 30 % (1 EL = 10 g)	5	5	5
Butterfett oder Kokosfett ungehärtet	2	2	2
Schnittkäse-Scheiben, halbfett, 17 %	20	10	10
Putenschinken (1 Scheibe = 20 g)	10	10	
Roggenbrötchen, Roggenbrot	25	50	80
Radieschen oder Gurke	50	50	50
Salz, Curcuma			
Eiweiß	40%	33%	25%
Fett	31%	23%	19%
Kohlenhydrate	29%	44%	56%

Zubereitung:
1. Kräuter waschen, fein hacken und zur Hälfte mit dem Quark verrühren. Die restlichen Kräuter beiseitelegen.
2. Ei mit Sahne, 1-2 EL Wasser, Salz und 1 Prise Curcuma verquirlen. Restliche Kräuter einrühren.
3. Omelette in einer beschichteten Pfanne mit 1 TL Fett ausbraten.
4. Omelette auf den Teller legen, Käsescheibe, Quarkcreme und Schinken einlegen und das Omelette zu einer Tasche zusammenklappen.
5. Brötchen/Brot und Rohkost dazu essen.

Tipp:

Dieses gehaltvolle Omelette ist auch ideal als Pausenbrot oder zum Picknick, da es sich gut verpacken lässt und auch gut kalt schmeckt.

Super Typ-Sandwich

	EWT	MT	KHT
Mengen[g]:	230	233	272
Kcal:	325	339	390
BE:	1,4	2	3,5
Energiedichte [Kcal/g]:	1,4	1,5	1,4
Zutaten	Menge in g		
Toastbrot Dinkel oder Vollkorn oder dünne Scheibe Dinkelbrot (1 Scheibe = 25 g)	25	50	75
Tomate	10	10	10
Möhre	40	40	50
Gewürzgurke	40	40	50
Kräuterquark, Quark 20 % (1 EL= 30 g)	40	40	40
Leinöl oder Kürbiskernöl (1 TL = 3 g)	5	3	2
Putenschinken (1 Scheibe = 20 g)	40	20	15
Ziegenschnittkäse/ Ziegengouda	20	20	20
Kresse	10	10	10
evtl. auch mit etwas Senf abschmecken			
Eiweiß	41%	30%	25%
Fett	29%	24%	20%
Kohlenhydrate	30%	46%	55%

Zubereitung
1. Die Brotscheiben toasten.
2. Tomaten waschen und in Scheiben schneiden. Möhre und Gurke fein raspeln oder in feine Stifte schneiden. Die geraspelten Gemüse und das Öl in den Kräuterquark einrühren. Nach Belieben noch mit etwas Senf abschmecken.
3. Die erste Brotscheibe mit etwa 1 TL Quark-Gemüsecreme bestreichen, und abwechselnd mit der individuellen Schinkenmenge, Quark-Gemüsecreme, Kresse, Tomatenscheibe und der Käsescheibe belegen. Die oberste Brotscheibe (nur bei MT und KHT) auf einer Seite mit der restlichen Quark-Gemüsecreme bestreichen und mit der bestrichenen Seite nach unten auf Käse oder Schinken legen.

Tipp1:
Wenn es schnell gehen muss, können Sie die Gemüse auch einfach in Scheiben oder Stifte schneiden und dazu knabbern. Die Creme können Sie gut in größerer Menge vorbereiten und im Kühlschrank einige Tage frischhalten. Sie passt zu vielen Gerichten und belegten Broten.

Tipp2:
Beachten Sie, dass eine Scheibe Toastbrot etwa 25 g wiegt, d.h. für den EWT gibt es 1 Scheibe Brot, für den MT 2 Scheiben Brot und für den KHT 3 Scheiben Toastbrot.

Kleine Zwischenmahlzeiten

Nachstehend zwei Beispiele, was man so zwischendurch mal "aus der Hand" etwas essen kann. Die Beispiele zeigen, wie man durch geeignete Nahrungsmittel-Kombinationen auch hier die individuellen Typ-Proportionen einhalten kann.

Beispiel 1:

	EWT	MT	KHT
Mengen[g]:	136	151	181
Kcal:	180	149	165
BE:	0,9	1,3	1,6
Energiedichte EDIX [Kcal/g]:	1,3	1,0	0,9
Zutaten	Menge in g		
Birne	80	120	150
Babybel light 1 Stück 25 g	50	25	25
Mandeln (1 Mandel = 1 g)	6	6	6
Eiweiß	42%	27%	24%
Fett	28%	22%	20%
Kohlenhydrate	30%	51%	56%

Beispiel 2:

	EWT	MT	KHT
Mengen[g]:	137,0	144	145
Kcal:	182,2	219	206
BE:	0,9	1,6	2,0
Energiedichte EDIX [Kcal/g]:	1,3	1,5	1,4
Zutaten	Menge in g		
Gefügelwiener	50	50	40
Gewürzgurke, Radieschen oder Kirschtomaten	60	60	75
Knäckebrot	12	24	30
Harzer, Handkäse, Magerstufe	15	10	
Eiweiß	40%	31%	23%
Fett	29%	23%	20%
Kohlenhydrate	31%	45%	57%

Hauptmahlzeiten für mittags und abends

Lachs-Kartoffelcreme mit Salat - glutenfrei

	EWT	MT	KHT
Mengen[g]:	345	338	368
Kcal:	347	301	310
BE:	1,9	2,5	3,2
Energiedichte [Kcal/g]:	1,0	0,9	0,8
Zutaten	Mengen in g		
Kartoffeln, mehlig festkochend	100	150	200
Schalotten	10	10	10
Schnittlauch oder Dill	10	10	10
Saure Sahne / Creme fraiche (1 EL ca. 30 g)	30	25	25
Quark, Magerstufe (1 EL ca.30 g)	60	30	30
Lachs, gebeizt (Gravedlachs) oder geräuchert	70	50	30
Blattsalate nach Saison	50	50	50
Olivenöl (1 TL ca. 3 g)	5	3	3
Brottrunk oder Essig, 1-2 TL	10	10	10
Salz Pfeffer			
Eiweiß	40%	31%	25%
Fett	30%	25%	21%
Kohlenhydrate	30%	44%	54%

Zubereitung:
1. Kartoffeln mit der Schale kochen und leicht abkühlen lassen. Kartoffeln schälen und mit einer Gabel zerdrücken.
2. Schalotten schälen und sehr fein würfeln. Schnittlauch oder Dill fein schneiden.
3. Schalotten, Kräuter, Creme fraiche und Quark dazugeben.
4. Lachs fein würfeln, dazugeben und alles gründlich vermischen. Sollte die Masse noch etwas zu fest sein, noch etwas Flüssigkeit (Milch, Wasser) einrühren. Die Masse in Nocken auf den Teller setzen.
5. Für die Salat-Beilage die Salatblätter mit der Essig-Öl-Marinade in einer Schüssel vermischen.

Variante:
Der Salat kann auch noch mit anderen typgerechten Salatgemüsen ergänzt/gemischt werden.

Tipp für ein festliches Menü:
Die Lachs Kartoffelcreme kann man auch in Lachsscheiben einrollen. Dies passt z.B. gut auf ein Buffet. Dann eine größere Rezeptmenge zubereiten, nur einen Teil der Lachsscheiben kleinschneiden und den Rest zum Einrollen verwenden.

Bunter Salat mit Thunfisch und Ei - glutenfrei

	EWT	MT	KHT
Mengen[g]:	408	448	477
Kcal:	359	374	318
BE:	1,7	2,6	3,4
Energiedichte [Kcal/g]:	0,9	0,8	0,7
Zutaten	Menge in g		
Kartoffeln, mehlig festkochend	100	160	200
Hühnerei	60	60	30
Bohnen, grün	50	50	100
Schalotten oder Zwiebeln, fein geschnitten	10	10	10
Schnittlauch oder Dill, fein geschnitten	10	10	10
Thunfisch, weiß, im eigenen Saft	70	50	20
Radieschen	50	50	50
Blattsalate nach Saison	50	50	50
Olivenöl (1 TL = 3 g)	8	8	7
milder Essig oder Brottrunk, 1-2 TL			
Salz Pfeffer			
Blattsalate nach Saison			
Eiweiß	41%	34%	25%
Fett	30%	26%	19%
Kohlenhydrate	29%	40%	56%

Zubereitung:
1. Kartoffeln mit der Schale kochen und leicht abkühlen lassen. Dann schälen und in Scheiben oder kleine Würfel schneiden. Das Ei an der stumpfen Seite anstechen und für 8-10 Minuten bei den Kartoffeln mitkochen lassen, dann herausnehmen und mit kaltem Wasser abschrecken.
2. Die Bohnen putzen, in 3-4 cm lange Stücke schneiden und in wenig Wasser etwa 10 Minuten garen.
3. Schalotten oder Zwiebeln schälen und sehr fein würfeln. Schnittlauch oder Dill fein schneiden.
4. In einer Schüssel Essig, Öl, Salz, Pfeffer, Zwiebel, Kräuter und geschnittene Kartoffeln vermischen. Die gekochten Bohnen dazugeben.
5. Radieschen waschen, fein schneiden. Blattsalate waschen und abtropfen lassen. Fisch in Stücke zerpflücken und alle Zutaten vermischen.
6. Das Ei schälen, halbieren und auf den Salat setzten. Für den KHT nur eine Hälfte zum Garnieren verwenden, die andere Hälfte für eine spätere Verwendung aufbewahren.

Variante:
Der Salat kann auch noch mit anderen typgerechten Salatgemüsen ergänzt bzw. gemischt werden.

Kartoffel-Gemüsesuppe mit Lachs/Lachsforelle - glutenfrei

	EWT	MT	KHT
Mengen[g]:	388	437	476
Kcal:	322	316	310
BE:	0,1	0,2	0,2
Energiedichte [Kcal/g]:	0,8	0,7	0,7
Zutaten	Menge in g		
Schalotte, Knoblauchzehe	20	20	20
Olivenöl oder Kokosöl ungehärtet	8	7	6
Karotten	100	100	130
Kartoffeln	50	100	130
Bleichsellerie oder Knollensellerie	50	50	50
Lauch/Porree	20	50	50
Salz, Pfeffer, Curcuma, 1 Würfel Gemüsebrühe			
Joghurt 10%,Griechischer Joghurt	20	20	20
Lachsfilet oder Lachsforellenfilet	100	70	50
Schnittlauch/ Petersilie	20	20	20
Eiweiß	39%	32%	27%
Fett	28%	23%	19%
Kohlenhydrate	32%	45%	54%

Zubereitung:
1. Schalotte und Knoblauch fein würfeln, In wenig Öl andünsten. Mit 1/2 l Wasser aufgießen.
2. Karotten und Kartoffeln schälen, fein würfeln und dazugeben. Sellerie putzen, schälen und fein würfeln. Die Suppe 20-25 Minuten kochen lassen.
3. Lauch putzen, längs halbieren, Blätter unter Abklappen waschen und in Streifen schneiden und dazugeben. Noch 5 Minuten leicht kochen lassen. Evtl. noch etwas Wasser nachfüllen. Suppe würzen, Sahnejoghurt einrühren und alles mit einem Mixstab pürieren. Suppe nochmal abschmecken.
4. Fisch in Stücke zerpflücken in die heiße Suppe geben und nicht mehr kochen lassen.
5. Kräuter waschen, trockenschütteln, fein schneiden und zum Schluss übertreuen

Tipp:

Beim gemeinsamen Kochen für unterschiedliche Typen das Rezept mit der kleinsten Ölmenge zubereiten, dann das restliche Öl bzw. die Butter (z.B. für EWT oder MT) in die Tellerportion einrühren.

Variante:

Mit anderen erlaubten Gemüsesorten, anstelle von Lachs z.B. 1/2 Wiener Würstchen.

Saltimbocca mit Kräuterreis und Salat - glutenfrei

	EWT	MT	KHT
Mengen[g]:	239	266	296
Kcal:	312	281	310
BE:	0,2	0,2	0,2
Energiedichte [Kcal/g]:	1,3	1,1	1,0
Zutaten	Menge in g		
Bio-Salatgurke	20	50	50
Blattsalat nach Wahl	50	50	50
Saure Sahne 20 % (1 EL = 30 g)	20	20	20
Olivenöl (1 TL= 3 g)	6	3	3
milder Essig oder Brottrunk, 1-2 TL			
Kalbschnitzel, mager	70	40	30
Schwein, Schinken, geräuchert	10	10	10
Basmatireis, gekocht (1 EL= 25 g)	60	90	130
Butterfett oder Kokosöl, ungehärtet	3	3	3
Salbeiblatt frisch			
beliebige Kräuter, feingehackt			
Eiweiß	43%	32%	25%
Fett	28%	23%	20%
Kohlenhydrate	28%	44%	55%

Zubereitung
1. Gurke waschen und in Raspeln oder Scheiben hobeln. Blattsalat waschen und abtropfen lassen. Salatzutaten in eine Schüssel geben und mit saurer Sahne, Öl, Essig oder Brottrunk und Pfeffer und Salz würzen.
2. Fleisch dünn klopfen und leicht salzen und pfeffern. Salbeiblatt und Schinkenscheiben auflegen, mit Zahnstocher fixieren.
3. Butter- oder Kokosfett in einer Pfanne erhitzen und das Fleisch zuerst mit der Schinkenscheibe nach unten, dann auf der anderen Seite jeweils 2-3 Minuten anbraten.
4. Gekochten Reis mit den feingehackten Kräutern vermischen und mit wenig Kokos- oder Butterfett anschwitzen und als Beilage reichen.

Tipp:

Bei Kleinmengen (für 1-2 Personen) können Sie Fleisch und Reis auch nebeneinander in einer ausreichend großen Pfanne braten, da die Bratzeit nur sehr kurz ist.

Fisch auf Gemüse mit Kartoffeln - glutenfrei

	EWT	MT	KHT
Mengen[g]:	488	546	535
Kcal:	351	373	392
BE:	1,6	2,6	3,5
Energiedichte [Kcal/g]:	0,7	0,7	0,7
Zutaten	Menge in g		
Kartoffeln gekocht, geschält	80	160	220
Möhren oder Kürbis	80	80	120
Spinat, für KHT und MT auch Lauch	150	150	50
Olivenöl (1 EL= 5-6 g)	8	6	5
Parmesan, frisch gerieben	10	10	10
Salz, Pfeffer, Curcuma			
Seelachsfilet	80	60	50
Kräuter frisch oder getrocknet	20	20	20
Sahnejoghurt 10 %	60	60	60
Schnittlauch			
Eiweiß	41%	34%	27%
Fett	29%	23%	20%
Kohlenhydrate	30%	43%	53%

Zubereitung:
1. Eine flache Gratinform mit einem 1 TL Olivenöl oder weicher Butter leicht fetten. Die gekochten Kartoffeln in Scheiben schneiden und auf dem Boden der Form legen.
2. Möhre oder Kürbis putzen und fein raspeln. Spinat waschen, verlesen und putzen. Die Gemüse mit 2-3 EL Wasser in Pfanne oder Topf geben, mit Salz würzen und zugedeckt etwa 5 Minuten dünsten.
3. Die Hälfte des Käses über die Kartoffeln in der Form streuen. Die vorgedünsteten Gemüse darüber geben.
4. Backofen auf 150 Grad Umluft einstellen.
5. Fischfilet waschen, trocknen, leicht salzen, in mundgerechte Stücke scheiden und auf das Gemüse legen.
6. Sahnejoghurt mit 1-2 EL Wasser und dem restlichen Käse verrühren, über den Zutaten verteilen und die Form in den Backofen stellen. 15-20 Minuten gratinieren, bis die Filets gerade knapp durch sind.
7. Vor dem Servieren das restliche Öl und frische Kräuter darüber streuen.

Tipp: Ein ideales Gericht für Feiertage, denn es lässt sich gut vorbereiten und dann nur kurz vor dem Essen in den Backofen schieben.

Varianten: Schmeckt auch sehr gut mit anderen "erlaubten" Gemüsen oder Fischsorten. Besonders edel schmeckt es mit Lachs.

Anstelle der Kartoffeln kombinieren Sie dieses Gericht mit Ihrer persönlichen Portionsmenge an gekochtem Reis. Alternativ können Sie auch nur einfach Baguette in Ihrer persönlichen Portionsmenge als Beilage reichen.

Extra-Tipp: Kartoffeln am besten immer in größeren Mengen vorkochen, etwa in der benötigten Menge für 2-3 Tage. Gekochte Kartoffeln halten sich ungeschält mindestens 2-3 Tage im Kühlschrank

.

Spargelnudeln mit Pilzen, Schinken und Kräutern

	EWT	MT	KHT
Mengen[g]:	520	530	530
Kcal:	390	367	366
BE:	1,7	2,5	3,5
Energiedichte [Kcal/g]:	0,8	0,7	0,7
Zutaten	Menge in g		
Spargel, grün oder weiß	250	250	250
Champignons	50	50	30
Salz, Pfeffer, Cayenne u. Curcuma			
Putenschinken (1 Scheibe = 20 g)	50	40	20
Kräuter Creme fraiche oder saure Sahne 30 % (1 EL = 30 g)	60	40	30
Bärlauch oder Schnittlauch, 1 Bund	50	50	50
Dinkelnudeln, gekocht	60	100	150
Eiweiß	40%	36%	28%
Fett	30%	21%	16%
Kohlenhydrate	30%	42%	56%

Zubereitung:
1. Spargel waschen, schälen und in Stücke schneiden. Dicke Stangen längs halbieren. Die Spitzen beiseitelegen. Spargelstücke mit etwa 1/8 l Wasser in eine Pfanne geben, leicht salzen und zugedeckt etwa 10 Minuten bei mittlerer Hitze dünsten lassen.
2. Die Pilze putzen und in dünne Scheiben schneiden.
3. Die Pilze und die Spargelspitzen dazugeben, weitere 5-7 Minuten dünsten, bis die Flüssigkeit fast verdunstet ist.
4. Wenn die Flüssigkeit reduziert ist, noch etwa 1 Tasse Nudelwasser angießen, mit Salz, Pfeffer, Cayenne und Safran oder Curcuma würzen und die Creme fraiche/saure Sahne dazugeben. Abschmecken, die Sauce soll kräftig schmecken. Evtl. noch etwas einkochen lassen, bis die Sauce schön cremig ist.
5. Den Schinken in Streifen schneiden und zusammen mit den Nudeln zu dem Spargel geben.
6. Bärlauch oder Schnittlauch waschen, trockenschütteln, fein schneiden, einrühren und noch 3-4 Minuten mitkochen lassen.

Zeitspartipp:
Nudeln am besten in einer größeren Menge vorkochen und für eine weitere Mahlzeit verwenden.

Variante:
mit anderen erlaubten Gemüsen, je nach Saison und Typempfehlung, z.B. mit Zucchini, Spinat oder Brokkoli.

Einkaufstipp:
Für dieses Rezept passen besonders gut Bandnudeln, besonders ideal aus Dinkel oder Kamut oder aus glutenfreien Zutaten.

Saisontipp:
Bärlauch gibt es von März bis Mai. Nutzen Sie diese Zeit und kochen Sie häufiger mal mit diesem besonders würzigen Kraut.

Rote Beete-Carpaccio mit Joghurtcreme und Schinken

	EWT	MT	KHT
Mengen[g]:	256	248	252
Kcal:	330	303	313
BE:	1,5	2,1	2,9
Energiedichte EDIX [Kcal/g]:	1,3	1,2	1,2
Zutaten	Menge in g		
Rote Beete, gegart	70	70	70
Putenschinken (1 Scheibe ca. 20 g)	60	40	25
Joghurt 10%, z.B. Griechischer Joghurt	50	50	50
Schnittlauch, 1 Bund	40	40	40
Olivenöl (1 TL ca. 3 g)	6	3	3
Apfelessig, 1-2 TL			
Salz, frisch gemahlener Pfeffer			
Baggettbrötchen oder Roggenbrötchen	25	40	60
Butter (1 TL= 5 g)	5	5	4
Einige Salatblätter zum Garnieren			
Eiweiß	41%	33%	25%
Fett	29%	24%	20%
Kohlenhydrate	31%	43%	55%

Zubereitung
1. Rote Beete mit einem Hobel oder sehr scharfem Messer in hauchdünne Scheiben schneiden. Diese rosettenförmig auf einen Teller legen.
2. Auf die andere Seite des Tellers die Schinkenscheiben legen.
3. Mit Joghurt, Salz, Pfeffer, Essig und Öl eine Marinade rühren. Schnittlauch waschen, trockenschütteln und zur Hälfte einrühren. Die Marinade über die Zutaten verteilen. Den restlichen Schnittlauch dekorativ überstreuen.
4. Mit einigen Salatblättern garnieren.
5. Die Brötchen in dünne Scheiben schneiden, mit Butter bestreichen und dazu essen.

Tipp:
Dieses schnelle Gericht lässt sich auch gut mitnehmen, dafür die Zutaten in eine flache Schale mit Deckel einschichten, dabei die Sauce separat verpacken oder als Salat vermischen.

Praxistipp:
Gekochte Rote Beete gibt es ganzjährig schon vorgekocht in Vacuum-Verpackung im Supermarkt zu kaufen.
Zum Selbermachen: Frische Rote Beete ungeschält in ca. 30-40 Minuten in Salzwasser weichkochen oder im Backofen garen. Mit kaltem Wasser abschrecken, die Schale abziehen und den Wurzelansatz entfernen. Achtung wenn Sie mit Rote Beete arbeiten, schützen Sie sich mit einer Schürze gegen Farbspritzer, da die Farbe sehr intensiv ist.

China-Pfanne mit Reis - glutenfrei

	EWT	MT	KHT
Mengen[g]:	420	483	456
Kcal:	323	324	313
BE:	1,1	1,6	1,9
Energiedichte EDIX [Kcal/g]:	0,8	0,7	0,7
Zutaten	**Menge in g**		
Pute, Brust, Putenschnitzel	75	40	30
Sherry und Sojasauce zum Marinieren	10	10	5
Möhren	60	100	120
Porree/ Schnittlauch	30	50	50
Stangensellerie	80	80	80
Beliebige Pilze	50	50	30
Oliven- oder Kokosöl	10	8	6
Knoblauch und Ingwer, fein geschnitten	5	5	5
Reis Basmati gegart, 2 geh. EL	40	80	100
Beliebige Pilze	50	50	20
Cashewnüsse geröstet	10	10	10
Gemüsebrühe			
Eiweiß	44%	31%	26%
Fett	27%	22%	19%
Kohlenhydrate	30%	47%	55%

Zubereitung:
1. Fleisch in etwa 5 mm dicke Streifen schneiden. Mit 1-2 TL Sherry und Sojasauce marinieren.
2. Möhren waschen putzen und in 2-3 mm feine Scheiben schneiden. Lauch waschen, längs durchschneiden, die Blätter unter Abklappen waschen und in feine Streifen schneiden. Selleriestangen waschen, Fäden abziehen und in 5 mm feine Scheiben schneiden. Die Pilze putzen, wenn nötig kurz unter fließendem Wasser abspülen, dann in dünne Scheiben schneiden.
3. Die Hälfte des Öls in einen Wok oder große Pfanne geben und Möhren und Sellerie bei mittlerer Hitze 5-10 rührbraten. Dann auf die Seite schieben oder einen Teller legen.
4. Restliches Öl dazugeben und Knoblauch und Ingwer 1-2 Minuten anbraten, dann Pilze und Fleisch dazugeben und unter Rühren 2-3 Minuten braten. Den feingeschnittenen Lauch und die vorgebratenen Gemüse dazugeben.
5. Mit 1 Tasse Gemüsebrühe, etwas Sojasauce und nach Belieben noch mit 1 EL Sherry abschmecken.
6. Den Reis dazu servieren.

Variante:
Mit anderen erlaubten Gemüsen, z.B. Brokkoli, Paprika. Bei der Gemüseauswahl wählen Sie aus der bunten Vielfalt Ihrer idealen Gemüse aus.

Basmatireis kochen, leicht gemacht:
Reis in Schüssel oder Sieb mit kaltem Wasser gründlich (2- bis 3-mal) waschen. Dann Reis in einen Topf geben und so viel Wasser dazugeben, dass es 1 cm über dem Reis steht. Reis ohne Deckel aufkochen lassen. Dann den Deckel auflegen, die Platte ausschalten und den Reis etwa 10 Minuten ausquellen lassen. Diese Methode hat den Vorteil, dass der Reis nicht anbrennen kann und der kostbare Basmatireis schön locker wird.

Fischfilet auf Salat

	EWT	MT	KHT
Mengen[g]:	455	437	410
Kcal:	358	349	323
BE:	1,6	2	2,8
Energiedichte [Kcal/g]:	0,8	0,8	0,8
Zutaten	Menge in g		
Blattsalat (Kopf-, Eis-, oder Feldsalat)	100	100	100
Bio-Salatgurke	50	50	50
Stangensellerie / Radieschen	100	100	100
milder Essig, 1-2 TL	10	10	10
Olivenöl (1 TL= 3 g)	10	7	5
Kabeljaufilet	110	75	50
Butterschmalz oder Kokosöl, ungehärtet (1 TL= 3 g)	5	5	5
Schnittlauch / Bärlauch	20	20	20
Sahnejoghurt 10% (1 EL= 20 g)	20	20	10
Salz, Pfeffer			
Roggenbrötchen oder Baguettebrötchen	30	50	60
Eiweiß	40%	32%	27%
Fett	29%	24%	20%
Kohlenhydrate	31%	44%	53%

Zubereitung:
1. Blattsalate waschen und abtropfen lassen. Gurke waschen und in Scheiben schneiden. Sellerie und/oder Radieschen in dünne Scheiben schneiden. Für die Marinade in einer Schüssel Essig und Öl mit Salz und Pfeffer verrühren, die Salatzutaten dazu geben und vermischen.
2. Fischfilet waschen, trockentupfen und salzen.
3. Butterschmalz oder Kokosöl in einer Pfanne erhitzen und das Fischfilet auf jeder Seite 3-4 Minuten braten.
4. Schnittlauch waschen, abtropfen lassen, fein schneiden und mit dem Joghurt verrühren.
5. Salat und Fischfilet auf den Teller geben, den Kräuterjoghurt auf den Fisch setzen.
6. Das Brot als Beilage essen.

Tipp:
Anstelle von Brot passt auch eine typgerecht passende Kartoffelbeilage, d.h. für den EWT etwa 1 mittelgroße Kartoffel (ca. 80 g) für den MT 2 mittlere Kartoffeln (etwa 160 g) und für den KHT etwa 3 mittlere Kartoffeln (240 g).

Gemischter Salat mit Hühnerfilets und Curryreis - glutenfrei

	EWT	MT	KHT
Mengen[g]:	404	407	478
Kcal:	348	321	325
BE:	1,8	3	3,4
Energiedichte [Kcal/g]:	0,9	0,8	0,7
Zutaten	Menge in g		
Blattsalat nach Wahl und Saison	60	70	100
Möhren oder Radieschen	60	70	100
Stangensellerie	60	70	100
Olivenöl (1 EL ca. 5 g)	8	6	5
Apfelessig oder Brottrunk 1-2 EL			
Hühnerbrust-Innenfilets	100	50	40
Kokosöl oder Butterschmalz (1 TL ca. 3 g)	6	6	3
Champignons	50	50	20
Basmatireis, gekocht (1 EL= 25 g)	50	75	100
Curry oder Curcuma, etwas Cayenne nach			
Radieschensprossen oder Schnittlauch	10	10	10
Eiweiß	45%	30%	26%
Fett	24%	22%	15%
Kohlenhydrate	31%	47%	59%

Zubereitung:
1. Blattsalat waschen und je nach Sorte zerkleinern.
2. Salatgemüse wie Möhren oder Radieschen waschen und in Scheiben schneiden. Salatzutaten in eine Schüssel geben und mit Öl, Essig oder Brottrunk und Pfeffer und Salz würzen.
3. Die Hühnerfilets abspülen, trockentupfen und mit Salz, Pfeffer und Curry würzen. Die Pilze in 5 mm dicke Scheiben schneiden.
4. Etwa 1 TL Kokosfett in einer Pfanne erhitzen und Fleisch und Pilze etwa 6-7 Minuten braten.
5. Fleisch mit dem Salat anrichten.
6. Gekochten Reis in eine Pfanne mit 1 TL Kokosfett oder Butter geben, mit Salz, etwas Curry oder Curcuma würzen und an die Seite neben den Salat geben oder über den Salat streuen. Die Hühnerfilets auf den Salat legen.

Produktinfo:
Hühnerbrust-Innenfilets gibt es heute schon in vielen Supermärkten zu kaufen. Wenn Sie diese nicht bekommen sollten, können Sie aber auch große Hühnerfilets in kleinere, etwa fingerdicke Filetstreifen schneiden.

Crepes mit Fleisch-Gemüsefüllung und Feldsalat

	EWT	MT	KHT
Mengen[g]:	376	356	356
Kcal:	435	440	465
BE:	2,0	3	4,4
Energiedichte [Kcal/g]:	1,2	1,2	1,3
Zutaten	Menge in g		
Feldsalat oder anderer Blattsalat	50	50	50
Rote Beete, roh	30	30	30
Olivenöl (1 EL ca. 5 g)	3	3	3
Essig, 1 EL			
Dinkelmehl Type 630 oder glutenfreies Mehl	20	40	60
Hühnerei	60	30	30
Kuhmilch, Vollmilch, 3,5 %, Frischmilch, H-Milch			
Mohrrübe/Karotte, roh	50	50	50
Stangensellerie	50	50	50
Schalotten oder Zwiebeln	30	30	30
Kokosfett, Kokosöl, ungehärtet (1 TL ca. 3 g)	3	3	3
Hackfleisch, gemischt		70	50
Hackfleisch vom Rind für EWT	80		
Schnittlauch			
Curry oder Curcuma, etwas Cayenne nach Belieben			
Eiweiß	39%	29%	25%
Fett	31%	26%	20%
Kohlenhydrate	30%	45%	55%

Zubereitung:
1. Feldsalat waschen und abtropfen lassen. Rote Bete in Scheiben schneiden.
2. Salatzutaten in eine Schüssel geben und mit Öl, Essig, Pfeffer und Salz würzen.
3. Für den Teig das Mehl mit dem Ei und so viel Milch oder Wasser verrühren, bis die Masse dickflüssig ist. Mit etwas Salz würzen und etwas quellen lassen.
4. Möhre und Bleichsellerie waschen, putzen und in 1/2 cm dicke Scheiben schneiden. Schalotten oder Zwiebeln abziehen, fein würfeln und in etwas Kokos-oder Butterfett anschwitzen. Das Fleisch dazugeben und einige Minuten anbraten. Mit etwas Wasser aufgießen, den Bratensatz lösen und die geschnittenen Gemüse dazugeben. Die Fleisch-Gemüsemischung etwa 10 Minuten kochen lassen.
5. Für die Crepes wenig Fett in einer beschichteten Pfanne erhitzen, mit einer Schöpfkelle etwas Teig in die schräg gehaltene Pfanne einlaufen lassen und dabei drehen, damit sich der Teig gleichmäßig verteilt. Die Crepes goldbraun ausbacken
6. Die Crepes auf den Teller legen, die Füllung hineingeben. Den Crepes einklappen und mit dem Salat garnieren.

Tipp:
Beachten Sie dass 30 g Ei einem halben Hühnerei entsprechen. Dafür ein Ei in eine Tasse aufschlagen, verquirlen und die Hälfte benutzen. Das restliche Ei für einen anderen Zweck verwenden. Oder mit einem ganzen Ei die doppelte Teigmenge zubereiten, und noch Pfannkuchen auf Vorrat backen.

Omelette mit Spinat oder Lauch und Kartoffeln - glutenfrei

	EWT	MT	KHT
Mengen[g]:	435	453	503
Kcal:	352	321	369
BE:	1,4	2,1	3,0
Energiedichte EDIX [Kcal/g]:	0,8	0,7	0,7
Zutaten	Menge in g		
Spinat (für EWT und MT)	200	200	
Porree, Lauch (für MT und KHT)			200
Kokosöl, ungehärtet oder Butterschmalz	5	3	3
Putenschinken (1 kl. Scheibe = 20 g)	30	10	10
Kartoffeln geschält gegart	100	150	200
Schnittlauch oder Petersilie	10	10	10
1 Ei	60	50	50
Süße Sahne (1 EL = 10 g)	20	20	20
Salz, Curcuma, Pfeffer, Muskat			
Schnittlauch oder Petersilie	10	10	10
Eiweiß	41%	32%	27%
Fett	31%	27%	22%
Kohlenhydrate	28%	41%	50%

Zubereitung
1. Spinat waschen, verlesen und putzen. Oder Lauch putzen, längs durchschneiden, die Blätter unter Abklappen waschen und in feine Streifen schneiden.
2. In einer beschichteten Pfanne Kokosöl oder Butterschmalz erhitzen, Spinat oder Lauch hineingeben und etwa 5 Minuten dünsten.
3. Schinken in Streifen, die Kartoffeln in Scheiben schneiden und auf dem Gemüse verteilen.
4. Ei mit Sahne, Salz, Curcuma, Pfeffer und Muskat verrühren. Die Ei-Masse über die Zutaten in der Pfanne gießen und zugedeckt bei mittlerer Hitze stocken lassen, dabei die Pfanne gelegentlich leicht rütteln, damit das Omelette nicht anhängt.
5. Kräuter waschen, feinhacken und überstreuen.

Tipp:
Für MT und KHT eignen sich am besten kleine Eier, damit lassen sich die Mengen am besten dimensionieren.

Steak mit Gemüse und Kartoffeln - glutenfrei

	EWT	MT	KHT
Mengen[g]:	541	608	636
Kcal:	527	522	507
BE:	1,8	3	3,7
Energiedichte [Kcal/g]:	1,0	0,9	0,8
Zutaten	Menge in g		
Möhre, Karotte	100	100	100
Spargel grün oder weiß	150	150	150
Butter	6	6	6
Olivenöl, Kokosöl	15	12	10
Rumpsteak, Roastbeef	100	70	50
Kräuterseitlinge	50	50	50
Frühlingszwiebel	20	20	20
Salz, Pfeffer			
Kartoffeln, gekocht	100	200	250
Eiweiß	41%	34%	31%
Fett	36%	28%	24%
Kohlenhydrate	23%	37%	45%

Bei diesem Rezept ist der Eiweißgehalt für den KHT etwas höher, da sich ein noch kleineres Fleischstück nicht sinnvoll zubereiten lässt. Dafür einfach die Eiweißmenge bei einer anderen Tagesmahlzeit etwas reduzieren.

Zubereitung:
1. Möhre waschen, putzen und in Scheiben schneiden. Spargel waschen. Grünspargel nur im unteren Drittel schälen, weiße Spargel von unten bis oben schälen und die Anschnittstellen abschneiden. Spargel in Stücke schneiden, dabei die Spitzen beiseitelegen.
2. Möhren und Spargelstücke mit etwas Gemüsebrühe in eine kleinen Topf geben und etwa 10 Minuten kochen lassen. Die Spargelspitzen dazugeben und noch 5 Minuten ziehen lassen, dabei die Flüssigkeit fast verdunsten lassen. Die Butter dazugeben und mit Salz abschmecken.
3. Pilze und Frühlingszwiebel waschen und feinschneiden.
4. In einer beschichteten Pfanne das Öl erhitzen und Fleisch, Pilze und Frühlingszwiebeln hineingeben und 4-5 Minuten anbraten. Mit Salz und Pfeffer würzen.
5. Fleisch, Pilze und Gemüse auf den Teller geben .Kartoffeln als Beilage reichen.

Tipp:
Nach Belieben den Bratensatz in der Pfanne mit 1-2 EL Wasser ablöschen und zu einer Sauce reduzieren lassen.

Reisnudeln mit Thunfisch und Gemüse - glutenfrei

	EWT	MT	KHT
Mengen[g]:	385	402	400
Kcal:	412	374	377
BE:	2,0	3	3,6
Energiedichte [Kcal/g]:	1,1	0,9	0,9
Zutaten	Menge in g		
Reisnudeln, Penne oder Hörnchen, ungekocht	20	30	40
Zwiebeln, 1 Knoblauchzehe	30	30	30
Olivenöl oder Kokosöl (1 TL = 3 g)	15	12	10
Thunfisch weiß, im eigenen Saft	120	80	70
Möhren	50	50	50
Stangensellerie	100	100	100
Tomaten	50	100	100
Frische oder getrocknete Kräuter, z.B. Schnittlauch, Petersilie oder Thymian			
Eiweiß	39%	30%	27%
Fett	30%	24%	19%
Kohlenhydrate	32%	46%	55%

Zubereitung:
1. Die Nudeln in Salzwasser etwa 6-8 Minuten nicht zu weich kochen.
2. Zwiebeln und Knoblauch fein schneiden und in dem Öl andünsten. Die Möhre waschen, putzen und in feine Scheiben schneiden oder hobeln, in die Pfanne geben und bei schwacher Hitze zugedeckt etwa 10 Minuten dünsten.
3. In der Zwischenzeit die Selleriestangen waschen, wenn nötig abziehen, in feine Scheiben schneiden und zu den vorgegarten Möhren geben. Etwa 1 Tasse Nudelwasser dazugeben und das Gemüse noch 5-10 Minuten kochen lassen.
4. Die Nudeln in ein Sieb abgießen, dabei das Kochwasser in einer Schüssel auffangen. Die Tomaten waschen, die Schale mit einem scharfen Messer einritzen und für einige Minuten in das heiße Nudelwasser legen.
5. Die Tomaten aus dem Wasser nehmen, die Haut abziehen und das Fruchtfleisch würfeln. Tomatenwürfel zu dem Gemüse geben und noch einige Minuten leicht köcheln lassen.
6. Die Kräuter waschen, trocknen, fein schneiden, in die Sauce geben und mit Salz und Pfeffer abschmecken.
7. Den Thunfisch in kleine Stücke zerpflücken und zusammen mit dem eigenen Saft zum Schluss untermischen.

Variante:
Anstelle von Thunfisch schmeckt dieses Gericht auch sehr gut mit Tintenfisch. Anstelle von Möhren und Sellerie passen auch andere Gemüse, wir z.B. Zucchini, Auberginen oder Spinat.

Literaturverzeichnis und Info zu Stoffwechseltyp-Analysen

1) Metabolic Typing: Essen, was mein Körper braucht. Mit Fragebogen zum Bestimmen des eigenen Stoffwechseltyps. Broschiert – Januar 2012 von William L. Wolcott /Trish Fahey

2) www.ernaehrungstyp.de Homepage von Stoffwechselspezialist Peter Königs, der Übersetzer des Buches Metabolic Typing, arbeitet mit Fragebogentestmethode

3) Satt Essen und Abnehmen, Prof. V. Schusdziarra, Verlag mmi, 2009

4) www.metabolic-typing-horisan.com - Adressen für Metabolic Typing Therapeuten

5) Praxis für ganzheitliche Heilkunde www.gesundheitsfaehigkeit.de
   Christian Müller - Heilpraktiker
   Ausbildungsleiter Horisan Metabolic Typing
   Veilchenweg 5
   88287 Grünkraut

Weitere aktuelle Bücher von Johanna Handschmann